Quando a vida se torna oração

Jaime Bettega

Quando a vida se torna oração

Preces para o dia a dia

Dados Internacionais de Catalogação na Publicação (CIP)
(Câmara Brasileira do Livro, SP, Brasil)

Bettega, Jaime
  Quando a vida se torna oração : preces para o dia a dia / Jaime Bettega. –
1. ed. – São Paulo : Paulinas, 2014. – (Coleção confiança)

Bibliografia.
ISBN 978-85-356-3813-4

1. Fé 2. Orações 3. Vida cristã I. Título. II. Série.

14-08246   CDD-242.2

Índice para catálogo sistemático:

1. Orações para uso diário : Cristianismo   242.2

DIREÇÃO-GERAL: Bernadete Boff
EDITORA RESPONSÁVEL: Andréia Schweitzer
COPIDESQUE: Simone Rezende
COORDENAÇÃO DE REVISÃO: Marina Mendonça
REVISÃO: Leonilda Menossi
GERENTE DE PRODUÇÃO: Felício Calegaro Neto
PROJETO GRÁFICO: Manuel Rebelato Miramontes

1ª edição – 2014
4ª reimpressão –2021

Nenhuma parte desta obra poderá ser reproduzida ou transmitida por qualquer forma e/
ou quaisquer meios (eletrônico ou mecânico, incluindo fotocópia e gravação) ou arquivada
em qualquer sistema ou banco de dados sem permissão escrita da Editora. Direitos reservados.

Paulinas

Rua Dona Inácia Uchoa, 62
04110-020 – São Paulo – SP (Brasil)
Tel.: (11) 2125-3500
http://www.paulinas.com.br – editora@paulinas.com.br
Telemarketing e SAC: 0800-7010081

© Pia Sociedade Filhas de São Paulo – São Paulo, 2014

A oração é uma forma de dialogar com Deus.
Através da oração, a vida se transforma
e a paz volta a encontrar morada no coração.

Sumário

Orações da manhã 13
    Recomeçar 14
    Presença de Deus 15
    Confiança em Deus 16
    Proteção de Deus 17
    Esperança infinita 18
    Súplica pela paz 19
    Atenção ao irmão 20
    Paciência com tudo 21
    Acolhida de Deus 22
    Tornar-se ponte 23
    O olhar de Deus 24
    Sabedoria e paz 25
    Para um mundo novo 26
    Viver o amor 27
    Ao Deus da paz 28
    A mão de Deus 29
    O sorriso amigo 30
    A bênção de Deus 31

A ajuda divina 32
Coração bondoso 33
O olhar atento 34
O silêncio interior 35
A luz de Deus 36
A vida cotidiana 37
Mãos solidárias 38
A voz de Deus 39
O verdadeiro amor 40
A mão terna de Deus 41
A espera atenta 42
A presença que envolve 43
Ao Deus Pai e amigo 44
Renovar as forças 45
Vontade de acertar 46
Deus é segurança 47
O amor envolvente 48
Ver com o coração 49
O silêncio eloquente 50
O amor resolve 51
Jesus é o caminho 52
Deus está presente 53

Mãe é vida	54
Perseverança confiante	55
Coração compassivo	56
A cruz libertadora	57
Discernimento e escolha	58
Vida e compromisso	59
Ao Deus companheiro	60
Paz no Ano-Novo	61

Orações da tarde 63
Deus é amor e paz	64
Obrigado, Senhor!	65
Gratidão pela paz	66
A interioridade comunica	67
Ao Deus envolvente	68
Deus acolhe e renova	69
Deus ilumina e protege	70
O olhar de Deus	71
A mão protetora	72
Firmar-se em Deus	73
Ao amor criador	74
Obrigado pelos dons	75

A Palavra iluminadora 76
O amor fortalece 78
Não estamos sós 79
O tempo é graça 80
Depois da cruz, a luz 81
Valores essenciais 82
Saber escolher 83
Do jeito de Deus 84
O bem é exigente 85
O outro revela Deus 86
Na criança, a ternura de Deus 87
A natureza, que maravilha! 88
O perdão cura 89
A amizade é preciosa 90
Com os braços, o abraço 91
A paciência é garantia 92
Deus é solidário 93
No perdão está a paz 94
Amar sem excluir 95
Criatividade é vida 96
Ser paciente e perseverante 98
O bem permanece 100

Deus presença e força...101
Sob a proteção de Deus 102
Agir sem agitação...103
A fé anima a vida..104
Meu lar é diálogo e paz..105
Tempo para construir..106
Com Deus, a paz...107
Deus guia e protege..108
Lar: casa, trabalho e pão..109
Estar atento para escolher bem............................... 110
Comunicar alegria 112
Saúde + Doação = Salvação 114
A presença de Deus fortalece 116
Família, diálogo e paz... 118
Obrigado por tudo, Senhor!....................................... 119

Orações da manhã

Rezar é pedir e agradecer!
Rezar é deixar Deus falar!

Recomeçar

Senhor, com serenidade e paz acolhemos
o amanhecer deste novo dia.
Não se trata de mais um dia,
mas de um dia único e especial.
Sabemos que o vosso amor nunca se repete,
por isso, tudo é sempre novo,
tudo é um recomeçar...
Então, renovai em meu coração a vossa bênção
para que eu possa viver com serenidade
cada instante deste dia.
Que eu esteja preparado
para receber os bons momentos
e também os momentos difíceis.
Que a vossa paz invada o meu coração;
só assim poderei ir adiante
com meus compromissos e obrigações diárias.
Senhor, que o vosso olhar de ternura
acompanhe todos os meus passos
para que eu nunca vacile.
Amém.

Presença de Deus

Vossa presença invocamos neste novo dia,
pois sabemos, Senhor, que com ela
tudo se torna mais leve e sereno.
Sozinhos andamos somente
alguns passos e já vacilamos.
Com a vossa presença
tudo adquire um novo sentido.
Quando a vossa presença se faz em nós,
então tudo parece estar iluminado.
As ideias ficam mais claras,
e nos sentimos mais criativos.
Por isso, no começo desta nova jornada,
suplicantes a vós nos dirigimos:
ficai conosco, Senhor.
Que a nossa vida seja bela
e produtiva neste dia de hoje.
Que os compromissos sejam assumidos
com boa vontade.
Que vossa bênção nos acompanhe até o final.
Amém.

Confiança em Deus

Senhor, vós sois o nosso Pai;
em vós depositamos toda a nossa confiança.
Que surpresa alguma nos pegue desprevenidos.
Que nada possa atrapalhar nossos passos.
Que a vossa luz brilhe sobre nós,
aí então, tudo será renovado.
E para tudo haverá uma saída, uma solução.
Não queremos fugir
dos compromissos e problemas.
Queremos ser uma presença de solução
e de paz na convivência com os demais.
Por isso, que a vossa sabedoria nos ensine
o que fazer e como fazer.
Que a vossa inspiração nos ajude a caminhar
com serenidade e amor.
Assim viveremos intensamente este novo dia.
Amém.

Proteção de Deus

Senhor, a vida é repleta
de acontecimentos e realizações.
Nosso desejo é sempre acertar,
porém nem sempre somos fortes
e iluminados o bastante para compreendermos
a vida e tudo o que nos acontece.
Neste dia e em todos os dias,
que possamos sentir a vossa mão
que nos sustenta e nos torna seguros
para as decisões e compromissos.
Que ao longo deste dia
possamos sentir a vossa bênção e proteção
e assim estaremos aptos para dar conta
de tudo o que vier pela frente.
Tirai de nós o medo e a acomodação.
Dai-nos, Senhor, a vossa força,
aquela mesma força
que tudo transforma, que tudo plenifica.
Amém.

Esperança infinita

Senhor, da vossa infinita bondade
recebemos o dom da vida.
Seremos eternamente gratos
pela vida que está em nós.
Porém, muitas são as inquietações
que nos acompanham.
Tantas vezes essas inquietações
nos enchem de dúvidas
e sentimos medo do amanhã...
Ajudai-nos, Senhor, a caminharmos na vossa luz.
Que o nosso coração sinta o pulsar
do vosso coração de Pai,
que está sempre atento, que não se afasta,
que quer unicamente o nosso bem.
Que ao longo deste dia possamos sentir a paz
que vem do vosso coração cheio de bondade.
Derramai a vossa bênção e iluminai nossos passos:
cuidai do nosso coração,
acalmai nossas inquietações.
Pois é a paz, a paz de que nós necessitamos.
Amém.

Súplica pela paz

Senhor, que neste dia e em todos os dias
eu possa ser um semeador.
Vós me destes a maior e a melhor semente,
que é o amor.
Então, que as minhas mãos se abram
para que eu possa semear a paz.
Como é necessária a paz...
Em todos os ambientes há pessoas
pedindo e suplicando a paz.
Aquela paz que fortalece a amizade entre todos,
aquela paz que anula a insegurança
e faz com que o nosso caminhar seja sereno.
Ninguém consegue sobreviver
em lugares onde não existe paz,
e a paz começa no coração.
Por isso, Senhor, que neste dia e em todos os dias
a paz esteja em meu coração
e no coração de todos aqueles
que compartilham comigo o dom da vida.
Amém.

Atenção ao irmão

Senhor, necessitamos de vossa graça
para vivermos em sintonia com o vosso amor.
Vemos ao nosso redor muitos motivos
de alegria e gratidão.
Em contrapartida, vemos muitos sofrimentos
que nos entristecem.
Por isso, dai-nos a graça de ouvir
o irmão que chora,
que sofre, que se angustia, que vive desanimado,
e ensinai-nos a estender a mão para aliviar
e confortar a todos.
Pois é consolando que seremos consolados.
Que possamos nunca desanimar
diante do sofrimento humano; mais ainda,
que possamos levar ânimo e coragem
aos nossos irmãos.
Só assim, nos sentiremos em paz,
pois será ajudando os que sofrem que seremos
ajudados.
Amém.

Paciência com tudo

Senhor, aumentai em mim
a paciência e a perseverança.
Ajudai-me a não desanimar
e a ter paciência com tudo.
Paciência com o tempo, com os amigos,
com os vizinhos, com os parentes,
com os idosos, paciência com as crianças.
Que o vosso perdão, Senhor, chegue depressa
quando acabo errando por falta de paciência.
Que a vossa bondade
fortaleça meu desejo de acertar.
Que o vosso abraço de pai e amigo
possa me tornar mais generoso com todos,
pois bem sei que a grande vitória da vida
só começa a ser alcançada na medida em que
nos tornamos
pessoas repletas de paciência.
Que eu saiba aguardar a hora certa
para cada gesto meu,
para cada palavra e cada atitude.
Amém.

Acolhida de Deus

Senhor, eu creio em vós.
Ajudai-me a começar bem este dia.
Que eu possa vos acolher nos irmãos
que eu encontrar ao longo do caminho.
Que eu possa vos amar no rosto de cada irmão.
Que eu possa vos servir naqueles que precisam
de uma ajuda ou de uma palavra amiga.
Obrigado, Senhor, por mais esta oportunidade.
Com vossa generosa ajuda
meu dia será feliz e abençoado.
Que eu possa permanecer longe de todos os males.
Que vossa bênção me torne forte
para começar mais este dia.
Peço-vos ainda, Senhor, pelos meus familiares,
para que eles possam sentir a vossa proteção
e o vosso amor que sustenta
e mostra sempre o caminho a ser seguido.
Senhor, tocai o meu coração
com a vossa luz divina.
Assim o meu dia será iluminado.
Amém.

Tornar-se ponte

Senhor, recebemos de vossa paternal bondade
a missão de construir pontes entre os irmãos;
a ponte do diálogo para facilitar
a comunicação de coração para coração,
a ponte da amizade para nos sentirmos irmãos
na caminhada,
nos ajudando mutuamente em todos os momentos.
Porém, como sempre estamos em busca do mais fácil,
tantas vezes, ao invés de construirmos pontes,
construímos cercas.
O ódio, as divisões, as intrigas, os ressentimentos,
são cercas que vão sendo construídas
e se tornam difíceis de serem derrubadas...
A maldade existente no mundo,
as guerras fratricidas nada mais são
que cercas que nos separam de Deus...
Que eu seja, neste dia, e em todos os dias,
um construtor de pontes para unir as pessoas
e permitir que o vosso amor circule
nos corações de todos.
Amém.

O olhar de Deus

Senhor, que neste dia eu possa mais uma vez
experimentar o vosso amor
para poder levá-lo a meus irmãos,
através de muitos gestos e sinais.
Somente quem experimenta o vosso amor
é capaz de viver a vida com dinamismo e criatividade.
Muitos insistem em ficar distantes,
achando que não necessitam de vós.
Cedo ou tarde terão que voltar atrás,
pois viemos de vós e a vós voltaremos.
Então Senhor, que a minha vida possa ser uma luz
a comunicar o vosso amor aos que
partilham comigo o dom da vida.
Que o vosso olhar bondoso e misericordioso
possa tocar o olhar de todos;
que o vosso coração possa pulsar
no coração de todos aqueles que vos estão procurando,
mas não admitem que é a vós que procuram.
Que neste dia eu seja uma ponte a unir estes
irmãos em vós.
Amém.

Sabedoria e paz

Senhor, sabemos que a paz se constrói
com os pequenos gestos de amor no dia a dia.
Ensinai-nos a viver a paz
no encontro com quem é diferente.
Ensinai-nos a dialogar, a ouvir, a respeitar
o mistério que se oculta em cada irmão.
Que possamos cultivar a paciência
e o cuidado em não multiplicar muitas palavras,
principalmente palavras que possam ofender
ou machucar aqueles que convivem ao nosso lado.
Dai-nos a sabedoria do bem viver.
Só assim podemos construir o bem e realizar
vosso plano de amor a respeito de cada um de nós.
Que o nosso dia possa ser uma oportunidade
de paz e de esperança,
pois o mundo está tão complexo
e todos nós estamos cansados
de guerras e violências.
Queremos a paz. Que possamos construí-la
em cada palavra, em cada gesto deste dia.
Amém.

Para um mundo novo

Senhor, queremos aprender a olhar
para além de nós mesmos,
compreender e apoiar o que há de bom no irmão.
Ajudai-nos a construir um mundo novo,
onde reinem a solidariedade e o diálogo
como pilares da convivência fraterna.
Que possamos aprender todos os dias
que a paz não tem cor nem raça.
Que em todos os recantos do mundo
as bandeiras de paz possam ser erguidas
como saudação e pedido de paz.
Que em nosso coração haja um espaço especial
para a vivência da paz.
Que o Senhor faça de cada um de nós
um instrumento de vossa paz.
Amém.

Viver o amor

Senhor Deus Pai, no vosso Filho Jesus
aprendemos que a vida tem sentido
no momento em que aprendemos a vivê-la no amor.
Carregamos dentro de nós
esta força extraordinária que é o amor.
Sentimos um apelo forte para amar e ser amado.
Ensinai-nos, então, que o importante na vida
não é só ser amado, mas também amar.
Ensinai-nos que somente o amor
pode transformar esta realidade que nos rodeia.
Aprendemos, olhando para o alto da cruz,
que o amor chega ao ponto de doar a própria vida.
Que também nós possamos
viver a plenitude do amor
doando a nossa própria vida no diálogo de cada dia,
na paciência com os irmãos,
no perdão para aqueles que nos ofenderam
e no empenho de todo o nosso ser
para garantir vida e esperança para todos.
Amém.

Ao Deus da paz

Senhor, vós sois a paz.
Ensinai-nos o caminho
que nos conduz para perto de vós.
Só assim a paz será possível,
pois só em vós encontraremos a verdadeira paz,
aquela paz que nos sustenta
em todos os momentos e situações.
Precisamos tanto de paz...
Sem essa verdadeira paz
não conseguimos realizar nossa missão
e dar conta dos compromissos
que são próprios de cada dia.
Quando carregamos conosco a paz,
tudo parece se tornar mais leve e mais sereno.
Ajudai-me, Senhor, a não perder esta paz
que encontro em vós quando o meu coração
se faz todo oração para bem viver
cada momento, cada novo dia.
E que esta paz, que agora sinto,
eu possa espalhar entre os irmãos
que eu encontrar neste dia.
Amém.

A mão de Deus

Senhor, tomai conta do meu dia.
Vinde remar este barco comigo
para que não fique à deriva
perdido nos apelos do mundo.
Vinde colocá-lo numa direção certa,
vinde livrá-lo do mau tempo,
vinde conduzi-lo a vosso porto seguro
e dessa forma a vossa força dominará a minha fraqueza.
Que o vosso amor me torne leve
e assim serão leves as tarefas deste dia.
Que eu possa, na vossa santa paz,
chegar ao fim de mais este dia que me concedestes.
Que a vossa mão amiga vá a minha frente
para afastar todo mal que possa surgir
tentando desviar-me do caminho
que trilhastes para mim.
Que a vossa voz ressoe dentro de mim
como eco do vosso profundo amor.
Que as tempestades causadas
pelo egoísmo e pelo orgulho,
possam ser acalmadas com o vosso perdão.
Amém.

O sorriso amigo

Senhor, a vida de cada um de nós
anda agitada demais.
As exigências são muitas;
o corre-corre nos torna até distraídos
e distantes daqueles a que queremos bem.
Sabemos que em meio a tudo isso
não podemos perder o bom humor.
Ajudai-nos a conservar
o sorriso nos lábios e no coração.
Sorrir faz bem... O sorriso traz paz e serenidade.
Ajudai-nos a aliviar o peso
da responsabilidade e da exigência.
Então, Senhor, dai-nos forças
para usar de todas as nossas potencialidades
para vencer o mal e a tendência ao fechamento.
Que nossa vida possa ser um livro aberto,
e que o sorriso seja uma marca presente
em todas as páginas deste livro
que registra nossa história.
Amém.

A bênção de Deus

Senhor, no vosso coração de Pai
coloco minha vida e este dia.
Que vossa bondade possa me acompanhar
em cada momento desta jornada.
Muitos fatos e acontecimentos
poderão ocorrer hoje,
mas contando com vossa presença,
tudo dará certo. Confio plenamente em vós,
necessito de vossa bênção e proteção,
só assim viverei na paz e na harmonia.
Abençoai também aqueles que comigo
compartilham o dom da vida.
Que eles possam sentir a vossa proteção
assim como eu a sinto dentro de mim.
Abençoai aqueles que mais necessitam
de um alento e de uma luz.
Senhor, obrigado por permanecer
tão perto de mim
e ser assim tão amigo e fiel.
Amém.

A ajuda divina

Senhor, tornai-nos fortes e ágeis
para alcançarmos o infinito
e também aquilo que tantas vezes parece impossível.
Que possamos renovar a persistência
e o sonho de uma vida plena e feliz.
Não permitais que a rotina
e a indiferença invadam nosso coração.
Dai-nos vossa graça e vossa bênção
para que possamos caminhar sem tropeços,
mas se tropeçarmos, ajudai-nos a erguer
o coração e os olhos para dar ao nosso corpo
uma nova direção e um novo sentido à caminhada.
Alcançai-nos a vossa mão para que
o nosso caminhar seja seguro e sereno.
E que possamos sentir através de vossa mão
a serenidade e a força para vivermos
alegremente a nossa vida.
Amém.

Coração bondoso

Senhor, todos os dias somos provados
por dificuldades, sofrimentos e até injustiças.
Tantas vezes somos questionados
e chegamos a vacilar!
Por isso, enquanto sentimos
a vida renascendo em nós
juntamente com a claridade deste dia,
suplicamos:
dai-nos vossa bênção e proteção.
Ajudai-nos a não perder de vista o amor,
pois o que vale mesmo é o amor.
Somente o amor é capaz de fazer nosso olhar
voltar-se para o infinito.
E dai-nos, ainda, um coração
cheio de bondade e compreensão.
Que nada nem ninguém nos aproxime do ódio.
Que seja o amor a nossa força
e nosso jeito de viver.
E Deus é amor. Então que o amor desse Deus
se plenifique em nós.
Amém.

O olhar atento

Senhor, tantas vezes caminhamos
com o nosso olhar perdido no infinito
e, por distração, nem percebemos
o brilho das estrelas.
Procuramos luz e deixamos
que a escuridão ofusque o seu brilho.
Por isso, ajudai-nos, Senhor,
para que o nosso olhar se encontre
com o vosso olhar
e assim sejamos inundados por esta luz
que tudo restaura, que tudo transforma.
Ajudai-nos a olhar sempre para o alto,
para um horizonte maior.
Que não nos percamos na pequenez de um mundo
que não consegue oferecer mais que coisas
que nos prendem a esta terra.
Que possamos olhar somente com o coração,
pois este é o verdadeiro jeito de olhar
para quem acredita no Amor.
Amém.

O silêncio interior

Senhor, quero viver o silêncio e a paz,
pois vosso silêncio torna o meu coração
repleto de serenidade.
Tantas vezes os ruídos externos atrapalham a vida
e impedem o encontro com a profundidade
da existência humana...
Que eu possa ser portador de silêncio,
que eu leve para todos um pouco do vosso silêncio,
que é vida e harmonia.
Que no silêncio todos possam escutar a vossa voz,
que fala ao coração e torna a vida
repleta de esperança e de paz.
Que minhas palavras e ações
sejam uma extensão do vosso silêncio.
Que vossa bênção me capacite
a viver silenciosamente
e que as palavras deste dia sejam pronunciadas
com a bondade que o vosso silêncio
produz em tudo e em todos.
Amém.

A luz de Deus

Senhor, com ternura nos destes a chama da vida.
Esta chama é como uma luz
que brilha transformando nosso semblante.
Por vezes, a chama parece diminuir de intensidade.
São aqueles momentos em que as dificuldades
tentam abafar o sopro da vida.
Chegamos a pensar que não há mais saída,
de repente, o vosso amor vai se aproximando
e aquela pequena chama começa a brilhar
dando a certeza de que a vida
é mais forte que tudo;
que o amor é capaz de verdadeiros milagres.
Então, nos inclinamos diante do vosso santuário
e agradecemos a vida e o amor
que se fazem totalmente novos.
Que possamos confiar sempre nesse vosso poder
de fazer novas todas as coisas.
E que este dia seja uma nova oportunidade
de vida e de esperança.
Amém.

A vida cotidiana

Senhor, nem sempre sabemos rezar.
Nem sempre entendemos o valor da oração.
Que aprendamos a rezar e a fazer da vida uma oração.
Se faltar oração, bem sabemos
que a vida vai perdendo o seu brilho.
Então, que sejamos persistentes na oração,
que saibamos reservar um tempo para ela.
E que a vida possa ser uma grande oração de
gratidão para vós.
Que a nossa oração seja de poucas palavras,
mas que a vida seja um caudal permanente
de gestos de amor e bondade.
E que a melhor oração, aquela que mais vos
agrada, Senhor,
seja a soma de muitos gestos de amor
que vamos vivendo dia após dia.
Que a vossa mão de Pai nunca se canse
de tocar em nós para que não nos esqueçamos
de elevar todos os dias aos céus uma prece de louvor.
Amém.

Mãos solidárias

Senhor, vosso amor não somente nos deu
um coração capaz de amar,
mas nos presenteou com duas mãos
que são capazes de fazer tanto bem.
Tantas vezes não sabemos usar
devidamente as nossas mãos!
Muitos há, Senhor, que escolhem o mal
em detrimento do bem.
Que as nossas mãos sejam
semelhantes às vossas, Senhor,
que saibamos construir o bem em nosso coração
e com nossas mãos torná-lo
visível para os que nos rodeiam.
Que ao longo deste dia nossas mãos possam estar
direcionadas apenas para fazer o bem e aí, então,
poderemos juntá-las em prece.
E com este gesto,
agradecemos ao Deus
da vida na construção do bem.
Amém.

A voz de Deus

Senhor, não são poucas as vezes em que
o desânimo insiste em deitar
raízes em nosso coração.
Sentimos como que um grande peso dentro de nós.
Olhamos ao nosso redor e tudo parece sem sentido.
Então, fechamos os olhos e uma voz
parece nos dizer que tudo vai passar.
Com esforço abrimos nosso coração e deixamos nele
espaço para que esta voz
se materialize e ali encontre eco.
Esta voz que tão silenciosamente nos faz acreditar
na possibilidade de uma vida melhor.
Damos mais um passo e milagrosamente
tudo vai adquirindo um novo colorido,
uma nova dimensão.
Então passamos a experimentar
vossa companhia, Senhor,
e no lugar do desânimo surge o desejo
de viver e de abraçar a vida.
Obrigado, Senhor, por nos transformar todos os dias.

Amém.

O verdadeiro amor

Senhor, foi vosso amor que nos deu a vida,
e o vosso desejo é que vivamos a partir do amor.
Por vezes somos tão distraídos,
vivemos de qualquer jeito
e nos esquecemos de viver o amor.
Se fomos criados por amor,
não existe outro jeito de viver
a não ser a partir do amor.
Pedimos que o vosso amor nos inspire
um novo jeito de viver.
Que vivamos deixando marcas de amor em tudo
e em todos, pois só é feliz, de fato,
quem sabe viver o verdadeiro amor.
Quando olhamos para a cruz do vosso filho Jesus,
entendemos até onde o amor pode chegar.
Que o nosso amor tantas vezes tímido
e escondido possa ser uma extensão
desse vosso amor
tão grandioso e cheio de coragem.
Que este novo dia seja marcado pelo amor.
Amém.

A mão terna de Deus

Senhor, vosso sonho para conosco,
vossos filhos e filhas,
é que nossa vida seja serena e feliz.
No entanto, Senhor, tantas vezes
sentimos medo do hoje e do amanhã!
Por isso, hoje queremos pedir com insistência
que a vossa mão não se afaste de nós
em nenhum momento deste dia.
Precisamos tanto da vossa proteção
e da vossa ternura...
Por isso ao sentirmos medo,
vinde com vossa presença
nos abençoar e encher de ânimo e coragem,
para que possamos dar conta
da missão para a qual nos destinastes.
Não importam as incertezas do amanhã,
importa sim a certeza de podermos
contar com vossa presença.
E que nos pequenos sinais possamos entender
vossa linguagem de amor.
Senhor, afastai de nós o medo e a insegurança.
Dai-nos vossa força e proteção.
Amém.

A espera atenta

Senhor, com facilidade nos agitamos,
temos pressa, queremos tudo para ontem.
E, por causa deste jeito de ser, perdemos
muitas oportunidades de crescer e de amadurecer.
Temos dificuldades em aceitar os outros
e assim vamos levando uma vida
que traz mágoas e decepções.
Ensinai-nos, Senhor,
que cada coisa tem seu momento,
que a pressa mais atrapalha que ajuda.
Ensinai-nos a distinguir o que é necessário
para construir uma vida feliz.
O mundo nos acena
com falsas ilusões de coisas materiais,
mas nós bem sabemos
que o coração necessita de algo mais,
algo que só vós, Senhor, nos poderia dar.
Portanto, Senhor, dai-nos a clareza necessária
para sabermos do que realmente necessitamos.
O que de fato é imprescindível
para a construção da nossa felicidade.
Amém.

A presença que envolve

Senhor, a vida tem sido exigente.
As dificuldades, às vezes, parecem grandes demais.
Sabemos que somente a fé é capaz
de remover tais montanhas,
mas nem sempre sabemos como aumentar a fé.
Por isso, Senhor, diante de vós nos colocamos
e suplicamos vossa força e a vossa luz,
para que a esperança consiga erguer
nosso olhar para o infinito,
de onde vosso sopro divino emana
todas as graças e todas as bênçãos.
Somente com vossa presença
em nossa vida poderemos
aliviar os fardos que, às vezes, se tornam tão pesados.
Com vossa presença tudo parece
se tornar novo e cheio de esperança.
E é disso que a nossa vida necessita.
Senhor, concedei-nos esta graça.
Amém.

Ao Deus Pai e amigo

Senhor, no vosso coração de Pai e amigo
coloco minha vida neste dia.
Que vossa bondade possa me acompanhar
em cada momento desta jornada.
Muitos fatos e acontecimentos
poderão ocorrer hoje,
mas contando com vossa presença tudo dará certo.
Em vós confio plenamente,
necessito de vossa bênção e proteção,
só assim meu dia será de paz e harmonia.
Abençoai também aqueles que comigo
compartilham o dom da vida;
que eles possam sentir a vossa proteção
assim como eu a sinto dentro de mim.
Abençoai, também, os que mais necessitam
de um alento e de uma luz.
Senhor, obrigado por permanecer
tão perto de mim.
Amém.

Renovar as forças

Senhor, no início deste dia,
diante de vós me inclino de corpo e alma.
Necessito de vossa bênção para ter forças
e não desanimar em meio à jornada.
Muitas vezes sinto-me sem forças
para continuar lutando.
Há vezes em que penso até em desistir de tudo
e deixar meu barco à deriva,
a navegar sem rumo pelo mar da vida.
Então, Senhor, dirijo-me a vós
implorando bênção e forças para continuar.
Afastai de mim o desejo de acomodação e indiferença.
Que eu possa continuar lutando de cabeça erguida,
pois sei que guiai meus passos.
Ai então, terei novo alento para continuar vivendo.
Que eu tenha forças para olhar adiante
com os olhos fixos no horizonte,
que me convida a caminhar rumo a vós.
Sei que com a vossa ajuda terei um dia de paz e
santa alegria.
Amém.

Vontade de acertar

Senhor, ao iniciar este dia, venho diante de vós
colocar a minha vida, meus questionamentos,
minhas angústias e sofrimentos.
Mas coloco, também, tudo o que há
de esperança e vontade de acertar.
Seria comodismo desistir de tudo,
porém tenho consciência de que não me criaste
para a derrota e sim para a vitória.
Então, Senhor,
vós que sois capaz de tudo transformar,
transformai meu coração
para que eu possa ter novo vigor.
Assim como a luz que ilumina este novo dia,
que eu possa abrir meu coração
e acolher a vossa luz
que vem trazer-me força e serenidade
para cumprir minha missão.
Com vossa presença em minha vida,
tenho certeza de que meu dia será feliz.
Amém.

Deus é segurança

Senhor, como faz bem acordar
com vontade de viver!
Nem sempre é fácil afastar
o pessimismo e a indiferença.
Começar com alegria cada novo dia é um exercício
um tanto exigente, mas hoje, Senhor,
sinto vontade de viver e lutar.
Quero que o pulsar do meu coração
encontre o pulsar do vosso, Senhor.
Só assim terei a certeza de que minha vida será feliz.
Obrigado, Senhor, por serdes a fonte
que me abastece de alegria e esperança.
Com vossa presença e bênção, minha vida é capaz
de experimentar a paz e a serenidade.
Sob vossa proteção vencerei
as dificuldades e desafios.
Sei que não estou sozinho
e esta certeza me traz segurança.
Que todos os dias eu possa renovar em mim
a certeza de que posso contar
com vossa bênção e proteção.
Amém.

O amor envolvente

Senhor, tantas vezes fico apreensivo
com a incerteza do amanhã!
Penso nas dificuldades que poderão vir
e se terei forças para enfrentá-las
na caminhada de mais um dia.
De repente, Senhor, lembro-me do vosso amor
e tudo começa a se transformar.
Senhor, que o vosso amor nunca se afaste de mim.
Senhor, que neste dia e em todos os outros
eu possa viver a partir do vosso amor,
só assim terei a certeza de que
meus dias não serão em vão.
Renovai em mim um amor forte,
capaz de enfrentar tudo.
E se as dúvidas de mim se aproximarem,
que eu possa me fortalecer
com a certeza do vosso amor.
Que em nenhum minuto eu esqueça
de vossa graça e de vossa bênção.
Amém.

Ver com o coração

Senhor, começar um novo dia com vossa bênção
é sentir no mais profundo do nosso ser aquela força
que só vós, Senhor, podeis dar.
E, hoje, necessito de uma força especial,
a cruz parece estar mais pesada.
Ajudai-me a carregá-la,
pois somente em vós encontrarei forças.
Sei que reservais algo maior a quem carregar
com amor a cruz de cada dia.
Que eu sinta por vós um grande amor,
mesmo que a cruz esteja tão pesada.
Que vossa bênção fortaleça os meus ombros
para que eles possam suportar o peso de cada dia.
Que eu possa ver com os olhos do coração
o que devo fazer neste dia e em todos os outros dias.
Que eu não perca de vista o caminho a ser seguido,
pois o mundo oferece muitos atalhos.
Quero, porém, manter-me fiel
e caminhar um passo após o outro
em vossa direção, Senhor.
Amém.

O silêncio eloquente

Senhor, um grande silêncio acompanha
o surgimento da luz deste dia.
Um silêncio que nos fala ao coração,
um silêncio que nos convida a recomeçar.
Aos poucos nossos movimentos
se tornam mais intensos,
assim como vão se intensificando também
os raios de luz deste amanhecer.
Que eu possa guardar em meu coração
as palavras do vosso silêncio, Senhor.
Que eu possa sentir a serenidade
invadindo todo o meu ser.
Que as palavras que me saírem da boca
brotem do meu coração que busca se fortalecer
no silêncio de Deus.
Que eu tenha cuidado em usar as palavras,
pois é tão fácil machucar os outros...
Que eu saiba dizer a palavra certa na hora certa.
Só assim viverei a paz e o amor para com o próximo,
aqui e em qualquer circunstância,
em qualquer momento.
Amém.

O amor resolve

Senhor, eu tenho buscado tantos caminhos,
tantas soluções, mas em nada encontrei respostas,
pois estas só existem em vosso amor.
Então hoje, Senhor, ajudai-me
a viver somente a partir do amor.
O amor é capaz de fazer
com que o impossível aconteça;
o amor é capaz de encurtar distâncias;
o amor é capaz de amolecer o coração,
por mais duro que seja;
o amor é capaz de me tornar leve e esperançoso.
Que o vosso amor, aquele amor
que inclui a dor da cruz
tome conta de todo o meu ser.
Que eu possa levar este amor
a todos os que eu encontrar em meu caminho.
Somente o amor será capaz de fortalecer
o meu desejo de uma vida feliz.
Amém.

Jesus é o caminho

Senhor, fortalecei meus passos para que eu possa
caminhar seguro fazendo a vossa vontade.
No caminho há pedras, espinhos e muitos desvios.
Que eu possa dar um passo após o outro
sempre na certeza de que estais
sempre à minha frente.
Não permitais, Senhor,
que meus passos sejam vacilantes.
Afastai de mim a tentação
de desviar-me dos vossos caminhos.
Se for necessário apressar o meu passo,
que seja somente em busca do bem.
Ajudai-me a evitar as pedras e os tropeços,
mas se eu cair, Senhor, estendei-me a vossa mão
para que eu possa seguir andando.
Só assim saberei que o caminho certo é esse,
não outro, com outra direção e muitas facilidades.
Obrigado, Senhor, por caminhar comigo
e não permitir que eu desvie o olhar da direção certa.
Amém.

Deus está presente

Senhor, tantas vezes me inquieto
diante do muito que tenho a fazer ao longo do dia.
Tenho a sensação de não dar conta do recado,
penso até em desistir e abandonar todos os
compromissos.
Felizmente, Senhor, dou-me conta que tal atitude
não levaria a nada, mas leva sim ao fracasso.
Por isso, Senhor, que a luz deste amanhecer
desperte em mim o desejo de continuar.
Que eu entregue a vós, Senhor,
minhas preocupações e inquietações.
Quero colocar minha vida e meus compromissos
em vosso bondoso coração.
Sei que devo fazer minha parte,
mas também sei que não estou sozinho,
pois vosso amor continuamente alivia meu fardo.
Obrigado, Senhor, por acalmar meu coração
e torná-lo capaz de dar conta do recado.
Amém.

Mãe é vida

Senhor, neste dia a prece é especial para as mães,
todas as mães de todos os lugares.
As que estão ouvindo esta prece
e aquelas que estão distantes.
Obrigado, Senhor, por nos ter dado uma mãe.
Nossa vida não teria sentido
se não fosse a presença da mãe.
Mãe é tudo, mãe é vida, esperança,
mãe é paz, é solução dos problemas,
é acolhida e proteção.
Somente vosso amor infinito poderia
ter dado ao mundo alguém tão especial,
mais parecido com anjo que com gente.
Por isso, derramai vossa bênção sobre todas as mães.
Que nem uma mãe viva sem
sentir a alegria de ser mãe.
Abençoai também todos nós, os filhos,
para que saibamos amar e respeitar as mães.
Sobre todas as mães, por intercessão de Maria,
a Mãe das mães, desça a bênção de Deus,
Pai, Filho e Espírito Santo.
Amém.

Perseverança confiante

Senhor, carregamos dentro de nós
o sonho de uma vida feliz.
Diariamente procuramos reunir forças
para que este sonho se torne realidade,
não importando quando.
No entanto, Senhor, nossas limitações
e falta de paciência nos incomodam.
E, tantas vezes desanimamos,
pensamos em desistir de lutar,
não conseguimos enxergar as coisas bonitas da vida.
Dai-nos, Senhor, vossa graça para que sejamos
persistentes e consigamos
alcançar o ideal que buscamos.
Que desde já possamos sentir a
felicidade acontecendo,
pois a felicidade não é para o final do caminho,
ela deve ser companheira de caminhada.
Que a vossa presença nos faça feliz
em cada etapa da vida.
Amém.

Coração compassivo

Senhor, o nosso viver só tem sentido
se soubermos caminhar nas estradas do mundo.
Queremos acertar o passo
nos passos do vosso Filho Jesus,
pois ele passou por este mundo andando
por todos os lugares somente fazendo o bem.
Nosso desejo é também sermos bons
e fazermos o bem.
Por isso, Senhor,
dai-nos um coração capaz de perdoar
e voltado somente para o bem.
E nosso desejo é sermos bons e fazermos o bem.
Por isso, Senhor, dai-nos um coração
capaz de perdoar e fazer o bem.
Retirai de nós a força do mal, da inveja e do ódio.
Que possamos viver a partir do exemplo de Jesus.
Só assim, nosso viver terá sentido
e nosso caminho estará repleto de sinais de
amor e de paz.
Amém.

A cruz libertadora

Senhor, Deus de bondade e amor,
que este dia seja abençoado e a vida protegida.
São tantos os perigos que nos cercam
que por vezes sentimos
o medo invadir nosso coração.
Afastai de nós todos os males, afastai o medo.
Dai-nos serenidade e forças para vencer o mal.
Aumentai a certeza e a fé em vosso poder
que é capaz de tudo transformar.
Que o vosso coração seja inspiração
para que nunca nos falte a paz e a habilidade
para lidar com situações adversas.
Que possamos agir sem pressa e sem desespero.
Que saibamos suportar o peso da nossa cruz,
mas ao mesmo tempo nos alegrar
por não estarmos sozinhos nesta caminhada.
A vossa força e presença, Senhor,
nos ajudam a continuar
o caminho desta vida maravilhosa.
Amém.

Discernimento e escolha

Senhor, de vossa bondade recebemos o dom da vida.
Como é maravilhosa a vida.
Senhor, nossa existência
é um milagre de vosso amor.
Por isso, Senhor, ensinai-me a viver bem
cada instante, cada momento.
Que eu esteja sempre pronto para recomeçar
e refazer o caminho do meu viver.
Se muitas são as propostas
para ser fiel ao vosso amor,
muitas outras contrárias o mundo me oferece.
Dai-me lucidez suficiente para que eu possa ser fiel,
pois somente em vosso amor minha vida
encontra a luz necessária e a direção certa.
Obrigado, Senhor, por ter me presenteado
com o dom da vida.
Ajudai-me a viver com intensidade cada momento.
Que eu tenha sempre disposição
para permanecer distante do mal e próximo do bem,
pois só vós sois o bem maior.
Amém.

Vida e compromisso

Senhor, no silêncio deste dia que amanhece,
meu pedido é de paz.
Sim, desejo profundamente
que a paz que vem de vós esteja em meu coração.
Para viver plenamente é necessário que haja paz
em mim para que eu possa levar esta paz
a meus irmãos e nos ambientes onde eu estiver.
Que eu seja instrumento desta paz
através das minhas palavras e atitudes,
paz que é um presente do vosso amor.
Que eu saiba medir as
palavras e distribuir sorrisos,
que eu saiba calar ao invés
de multiplicar tantas palavras.
Que a minha disposição alcance a todos
os que estiverem no meu caminho este dia.
Amém.

Ao Deus companheiro

Senhor, vós sois o Deus da vida e do amor.
Sem vossa proteção não é possível
caminhar seguro
nesta vida que tem tantas dificuldades e tropeços.
Renovai em nosso coração o desejo
de acertar o caminho.
Dai-nos também paciência e lucidez
para não apressarmos nenhuma solução
ou resposta.
Que os vossos dons nos acompanhem
em cada momento deste novo dia.
Só assim estaremos seguros e certos
de que nenhum mal haverá de nos acontecer.
Tocai nosso coração para que estejamos
sempre abertos e atentos para não permitir
que o desânimo nos tire a esperança
deste novo amanhecer.
Amém.

Paz no Ano-Novo

Senhor, o vosso imenso amor nos proporciona
a alegria de estarmos juntos iniciando este novo ano.
Ontem terminamos mais um ano.
Hoje os raios deste novo dia nos trazem de presente
o começo de um novo ano,
e isso é simplesmente maravilhoso.
Obrigado, Senhor, pela vida
que a vossa mão nos concede.
Obrigado por tanto bem colocado em nosso coração.
Obrigado pelo dom da vida que podemos celebrar
no começo de mais um ano.
No primeiro dia deste novo ano, Senhor,
dai-nos a graça de vivermos a paz.
Não queremos pedir muitas coisas, queremos pedir
neste abençoado primeiro dia a paz e a saúde.
Que o vosso coração derrame
muita paz sobre todos nós.
Só assim entenderemos o quanto a vida é bela
e o quanto necessitamos de vossa proteção.
Amém.

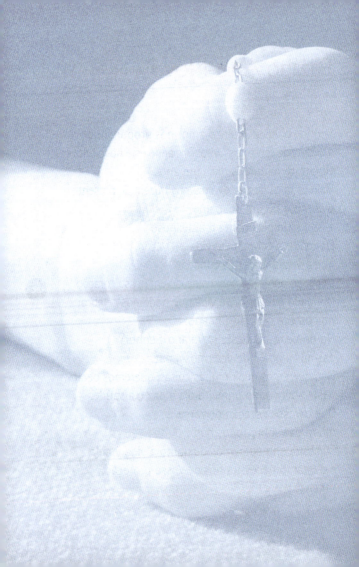

Orações da tarde

Talvez Deus não atenda todos os pedidos,
mas não deixará faltar o necessário
para que a vida encontre a felicidade.

Deus é amor e paz

Senhor, tivemos tantas oportunidades
de realizações ao longo do dia...
Todos os dias somos surpreendidos
por novas possibilidades.
Quantos caminhos estão pela frente!
Quantas alternativas de felicidade e paz...
Mas, Senhor, nosso desejo profundo
é vos conhecer cada vez mais.
Sentimos uma sede infinita desta paz e deste amor
que só vós podeis nos dar.
Que possamos crescer em todos os sentidos,
mas que nunca nos esqueçamos de aprofundar
o nosso amor no vosso amor.
Que possamos vos experimentar cada vez mais,
pois o que de fato satisfaz a nossa vida
não são apenas as conquistas de cada dia,
mas principalmente o vosso amor,
que responde às nossas buscas mais profundas.
Nossa caminhada neste mundo será completa
quando tivermos experimentado a vossa paz e o
vosso amor.
Amém.

Obrigado, Senhor!

Senhor, Deus de ternura e misericórdia,
vossa bondade nos permitiu
viver atentamente este dia.
Houve momentos de alegria e de paz,
mas momentos de incerteza também
se fizeram presentes.
No entanto, vossa proteção
em nenhum momento se afastou de nós.
Assim, nos sentimos seguros e fortalecidos,
conseguindo enfrentar as dificuldades
que insistem em se fazer presentes
na caminhada da nossa vida.
Mas, só pelo fato de sabermos que sois nosso Pai
e que cuidais de todos nós, isso nos ajuda
a caminharmos com segurança nos caminhos
que a vossa bondade vai indicando a nós todos.
Obrigado, Senhor, por mais este dia.
Ajudai-nos a permanecer na vigilância do vosso amor.
Só assim, seremos de fato felizes e realizados
e ajudaremos os outros a encontrarem
este caminho de amor.
Amém.

Gratidão pela paz

Senhor, mais um dia chega ao seu final...
Apesar das dificuldades que sobrevieram,
muito temos que agradecer.
Agradecemos a vida que está em nós,
agradecemos tantos sinais de vosso amor
sempre presente.
Há quem diga que milagres já não acontecem mais,
porém, nos pequenos sinais de cada dia
sentimos vossa mão a nos abençoar.
E quando sentimos a vossa presença,
podemos então experimentar
uma grande e profunda paz...
E é a paz o grande milagre da vida...
A paz é o milagre mais urgente e mais necessário.
Por isso, Senhor, obrigado pelo milagre da paz.
Obrigado pelo milagre da vida
e pelo pão de cada dia,
obrigado pela força que vós nos dais
para realizarmos nossas tarefas.
Que possamos continuar nossa caminhada
com aquela paz que o vosso Filho Jesus
trouxe ao mundo com sua ressurreição.
Amém.

A interioridade comunica

Senhor, durante as horas deste dia,
caminhamos por tantas direções,
pronunciamos tantas palavras,
pensamos inúmeras coisas.
Neste momento queremos olhar para dentro de nós
e perceber o que vai em nosso coração.
Faz muito bem fazer silêncio interior
para refletir e sentir o pulsar da vida.
Quanto mais cuidamos do nosso coração,
mais estaremos alcançando felicidade e paz,
pois quando silenciamos, Deus começa a falar.
Fala de tantas coisas, fala do seu amor para conosco,
fala da paz com a qual ele quer nos presentear,
fala do caminho que nos preparou nesta vida.
Obrigado, Senhor por estar ao nosso lado,
por nos ajudar em todos os momentos.
A vossa mão estendida nos alegra e nos conforta.
Em vós, somente em vós, nos sentimos seguros
e serenos.
Amém.

Ao Deus envolvente

Senhor, vós sois o amigo de todas as horas.
Nossa vida não teria sentido se não fosse
a vossa presença amiga e fraterna.
Ao longo deste dia, sentimos vossa presença amiga
através de tantos sinais e no rosto de cada um
dos irmãos.
Nos momentos mais complicados
vossa bondade nos inspirou confiança e amor.
E assim, foi possível continuar a caminhada
e dar conta dos compromissos.
Não tem preço que pague
a vossa presença generosa,
vossa eterna disponibilidade
para nos proteger e ajudar...
Senhor, nas vossas mãos colocamos
nossa prece de gratidão,
pois não seríamos o que somos
sem a vossa proteção sempre presente e atuante.
Obrigado, Senhor, por ser nosso amigo e irmão.
Obrigado por colocar em nosso caminho
tantas pessoas que conseguem transformar
nossa vida e nossa história.
Amém.

Deus acolhe e renova

Senhor, sentimos vossa presença
em tudo o que realizamos hoje.
Por isso obrigado por estar sempre ao nosso lado.
Obrigado por ser sempre uma presença
tão amiga e tão iluminada.
Mesmo em meio ao cansaço,
podemos sentir uma paz profunda.
Se em alguns momentos erramos, pedimos perdão.
Mesmo que haja esforço da nossa parte,
nem sempre conseguimos evitar o mal
ou alguma palavra que ofende e machuca.
E, se alguém nos ofendeu,
também queremos perdoar.
Ajudai-nos, Senhor, para que não haja mágoas
e sim perdão. Por tudo, obrigado, Senhor.
Amém.

Deus ilumina e protege

Senhor, Deus de ternura e de amor,
em vossas mãos colocamos
o dia que vivemos hoje,
mais do que nos outros dias,
sabemos o quanto vossa força é capaz
de nos afastar de tudo o que prejudica a nossa vida.
Vós sois realmente nosso Deus e Pai.
Nosso coração está profundamente
agradecido pela proteção recebida,
pela paz sentida, pelo amor
bem vivido no coração.
Juntamente com a gratidão queremos pedir:
ficai sempre conosco, Senhor,
principalmente para nos mostrar
o caminho a seguir.
É tão fácil se desviar do caminho do bem...
Ajudai-nos, Senhor, a viver na vossa luz
e sob vossa proteção, então, seremos de fato
filhos que seguem vossos mandamentos.
Amém.

O olhar de Deus

Senhor, vós sois a paz na tribulação
e na angústia.
Vós sois o rumo certo para o meu viver.
Minha vida não teria sentido se não existisse
a certeza do vosso olhar e do vosso amor.
A angústia tenta muitas vezes se aproximar
e por ela experimento o vazio e o sofrimento.
Quantas vezes penso em desanimar...
Depois, reflito alguns instantes
e pareço ouvir vossa voz que me diz
para seguir adiante,
que tudo passa, que amanhã será um novo dia.
No entardecer deste dia, coloco em vossas mãos
minha angústia e minhas tribulações.
Que o vosso poder tudo transforme;
que a paz ocupe o seu lugar,
que a serenidade invada o meu coração.
Obrigado, Senhor, por ser meu amigo
e me abençoar.
Amém.

A mão protetora

Senhor, obrigado por estar ao meu lado
em todas as situações da minha vida.
Nos dias de sofrimento e de dor,
vossa presença é consolo e alívio.
Nos bons momentos, quando a alegria
se faz presente no coração e no semblante,
vossa força parece nos dizer que a vida
foi feita para a felicidade.
Então, Senhor, fortalecei o meu viver
para que eu possa superar
as dificuldades e tristezas
e passe a acreditar na felicidade.
Bem sei que não fomos feitos para a tristeza,
mas muitas vezes nos perdemos
em tantas situações
que em nada ajudam
o nosso crescimento espiritual.
Senhor, em vossas mãos está a minha vida.
Obrigado por estar sempre a meu lado.
Amém.

Firmar-se em Deus

Senhor, a vida é um contínuo caminhar.
Viver é necessariamente ter que caminhar.
Caminhar em busca da realização,
em busca da felicidade.
Ao longo do caminho, algumas vezes caímos,
então vossa força nos ergue e nos fortalece
para que possamos continuar
a inexorável caminhada...
Vós não vos importais de nos erguer
mais do que uma vez, ou melhor,
vós nos ergueis tantas vezes
quantas forem necessárias.
Por isso, obrigado por nos erguer.
Senhor, erguei também a nossa alma
para que possamos perceber o vosso amor
sempre presente e profundamente misericordioso.
Senhor, obrigado.
Amém.

Ao amor criador

Senhor, vós sois o Deus da vida e do amor.
Sem vossa presença nossa vida
parece não ter sentido e direção.
Foi o vosso amor que nos criou
à vossa imagem e semelhança.
Então, ajudai-nos, Senhor, para que possamos
viver bem o dom da vida.
Que o nosso olhar e o nosso viver
nos assemelhem ao vosso filho Jesus.
Que a nossa vida seja vivida
na verdade e na justiça.
Só assim poderemos testemunhar
aos que estão distantes,
que o vosso amor é constante,
vosso amor é infinito
e está sempre a nossa procura,
pois sois Pai de amor.
Então, ajudai-nos a permanecer
sempre diante de vós.
Amém.

Obrigado pelos dons

Senhor, muitas coisas consegui realizar neste dia.
Confesso que sozinho não teria conseguido tanto.
Obrigado por estar sempre a meu lado.
Obrigado pelos dons e capacidades.
Serei eternamente agradecido por tudo,
até mesmo pelos momentos difíceis,
pois consegui sentir a vossa presença
a me confortar
e a me mostrar o outro lado do sofrimento.
Quando tudo se torna mais sereno,
então sinto que o vosso amor se faz consolo
e permite que eu olhe a vida com outros olhos.
Depois do sofrimento me sinto mais maduro
e preparado para abraçar a vida,
assim como ela se apresenta.
Mas isso tudo se torna possível porque
posso contar com vossa bênção e proteção.
Se muitas vezes peço tantas coisas,
hoje quero agradecer por tudo, Senhor.
Amém.

A Palavra iluminadora

Senhor, na plenitude do vosso amor,
descubro que posso ser feliz do jeito que sou,
da forma como vós me criastes.
À medida que vou experimentando
o vosso amor,
sinto uma vontade enorme de me entregar a vós,
sentindo o pulsar da vida e lutando
contra todas as dificuldades
do cotidiano para ser feliz de verdade.
O mundo oferece muitas alternativas
de felicidade.
Muitas vezes chego a pensar
que a felicidade está nas coisas materiais;
depois vejo que me enganei e sinto
que a fragilidade
daquela felicidade aparente é fugaz e fugidia.
Senhor, longe de vós não há
felicidade verdadeira.
Somente vivendo o vosso amor poderei ser
verdadeiramente feliz.

Que eu possa caminhar neste mundo
sem perseguir falsas ilusões,
afinal, me destes a vida
como um presente maravilhoso
e o vosso desejo coincide com o desejo
do meu coração:
vós quereis e eu também quero a felicidade.
Amém.

O amor fortalece

Senhor, com vossa bondade e amor,
conseguimos viver intensamente
as horas deste dia.
Muitas foram as surpresas positivas
que vivenciamos.
É claro também que houve momentos
que exigiram de nós muita paciência.
No entanto, Senhor, sentimos de perto
vossa proteção que é sempre maior que tudo.
Vosso amor conhece os limites de nosso coração
e nos renova constantemente.
Vossa bondade nos alivia o fardo
e nos devolve o ânimo e a vontade de viver.
Obrigado, Senhor, por estar sempre conosco,
obrigado por tantos dons
e por sermos capazes de tantas coisas.
Amém.

Não estamos sós

Senhor, o cansaço por vezes chega
e toma conta de nós.
As tribulações e exigências de um dia
acabam nos alterando,
mas em vossas mãos, Senhor,
encontramos bênção e proteção.
Que possamos renovar nossa esperança
e sentir a luz a inundar nosso ser.
Obrigado, Senhor, por mais este dia.
Obrigado por estar sempre ao nosso lado,
pois sem vossa presença não teríamos forças
para continuar a caminhada.
Que a vossa bênção alcance a todos aqueles
que passam por dificuldades.
São tantos os que sofrem e que não encontram
quem lhes traga uma palavra amiga;
outros não sabem onde buscar forças
para carregar o peso da cruz.
Que em vosso coração de pai
todos possam encontrar refúgio e proteção.
Amém.

O tempo é graça

Senhor, obrigado por nos ter dado mais este dia.
Muitos foram os momentos de alegria e de luz
que encontramos na partilha da vida
com os demais irmãos.
Vós nos dais, Senhor, todo o tempo
e não fazeis nenhuma exigência,
quereis unicamente o nosso bem.
Que possamos sentir agora
vossa bênção e proteção
para que o entardecer deste dia
seja portador de paz e de esperança.
Que nunca nos falte a disposição de agradecer.
Que o nosso jeito de viver nos ajude
a tornar visível vossa face, Senhor.
Mais uma vez, Senhor, dai-nos
a vossa bênção e vossa paz.
Amém.

Depois da cruz, a luz

Senhor, neste dia muitas foram as solicitações,
as cobranças e os desafios.
Em alguns momentos pensei
que não seria capaz de tanto,
porém com vossa ajuda aqui estou
para agradecer e sentir a suavidade de vossa mão
que vem transformar e tirar toda
a decepção e cansaço.
Que eu possa renovar a certeza e ânimo de que
neste caminho jamais sentirei solidão,
pois a vossa presença está por perto e me envolve
unicamente com uma grande paz e proteção.
Que a vossa bênção alcance igualmente
àqueles que sentem as dificuldades da vida.
São tantos os que sofrem mais do que eu
e necessitam de vossa presença e consolo.
Que todos possamos nos refazer,
e amanhã sentirmos novas forças
para continuar a vida,
pois longe de vós desanimamos na caminhada.
O ideal só é alcançado por aqueles
que perseveram na luta até o fim.
Amém.

Valores essenciais

Senhor, obrigado por tudo o que vivemos
e conseguimos realizar neste dia.
Muitas coisas ficaram para trás,
são tantos os compromissos
que nem sempre damos conta de tudo,
mas o que importa é que houve esforço e dedicação.
A vossa mão de Pai nos acompanha
e se conseguimos realizar alguma coisa
foi unicamente porque no silêncio
vossa graça agiu e transformou.
Que as horas restantes deste dia
possam ser vivenciadas
na alegria de uma vida
que está bem encaminhada.
Mesmo que faltem muitas coisas,
que saibamos construir dentro de nós
uma escala de valores e que o principal
nunca venha a ser deixado em segundo plano.
E o essencial, o principal mesmo, é a vida,
é o amor, é a paz e o perdão.
Por tudo, obrigado, Senhor.
Amém.

Saber escolher

Senhor, muitos são os convites que recebemos
durante o dia para o encaminhamento da vida.
A felicidade parece ser mercadoria
ou algum segredo ao alcance de poucos.
Permanecer no vosso caminho, Senhor,
nem sempre é fácil.
Somos levados a buscar o imediato,
no entanto, muitas foram as vezes em que
a ilusão de uma vida fácil acabou em nada.
Por isso, Senhor, que possamos caminhar
certos de que o ideal só é possível
para quem abraça a vida,
independentemente do que possa vir a acontecer.
Mas tal sentimento somente está no coração
de quem acredita e tem fé.
Aumentai a nossa fé, Senhor,
para que a nossa vida
seja sempre vivida de acordo com vossa vontade.
Amém.

Do jeito de Deus

Senhor, nas vossas mãos de Pai
tudo entregamos.
Nosso desejo é viver a vida
a partir de vossa vontade,
e fazer de cada oportunidade
um momento único de realização.
Sabemos o quanto a vossa mão de Pai
está sempre pronta a nos cuidar e proteger.
Então, Senhor, afastai de nós a maldade e o ódio.
Que nenhum de vossos filhos e filhas
sejam atingidos pelo mal.
Que unicamente o bem possa estar no coração,
e que a paz seja o vosso e o nosso
jeito de viver e ser feliz.
Amém.

O bem é exigente

Senhor, bem sabemos que viver
é escolher todos os dias, todos os momentos.
A vida é feita de muitas escolhas.
Acontece que nem sempre escolhemos
o que é melhor; por comodismo
acabamos escolhendo o que é mais rápido.
Aí nos enganamos, pois a vida verdadeira
não é feita de facilidades.
A vida e a felicidade são exigentes.
Tudo passa pela paciência e pela persistência.
Só depois de tudo isso se tornam duradouras
a paz e a felicidade. Perdão, Senhor,
por tantas vezes buscarmos o que é mais fácil
e abandonarmos aquilo que dura para sempre.
Assim como vosso amor é eterno,
que possamos construir uma vida marcada
pela eternidade e pelo céu.
Amém.

O outro revela Deus

Senhor, no vosso coração de pai colocamos
todos os momentos e as realizações deste dia.
Nem tudo aconteceu de acordo com nossa vontade,
mas houve esforço para que esse dia
fosse marcado pela felicidade.
Muitas foram as pessoas
com que nossos olhos cruzaram,
vossos traços estavam presentes em todos.
Mas, por descuido ou distração,
não conseguimos perceber vossa presença
nos irmãos de caminhada.
Como seria tudo diferente se pudéssemos perceber
a vossa presença e o vosso olhar
nos irmãos que cruzam nossos caminhos.
Talvez tivéssemos mais motivos
para vivermos o amor e exercitar o perdão.
Com facilidade julgamos e impedimos
que a vossa presença nos fale através dos outros.
Que a fraternidade seja um ideal
a ser construído todos os dias.
Amém.

Na criança, a ternura de Deus

Senhor, hoje senti a vossa presença
no sorriso de uma criança.
Nunca havia pensado que a vossa presença
fosse tão plena.
Obrigado, Senhor,
por nos oportunizar momentos assim
que refazem nosso caminhar
e nos tornam repletos de esperança.
Que em meu semblante possa estar
um sorriso de alegria
por ser vosso Filho muito amado.
Somente o vosso amor
é capaz de tudo transformar,
inclusive de afastar o cansaço e a dor.
Que eu nunca perca de vista o vosso sorriso
que serve de força e estimula
para continuar a caminhada.
Que a vossa bênção seja como um sorriso
sobre todos nós que vivemos intensamente este dia.
Amém.

A natureza, que maravilha!

Senhor, vosso olhar se utiliza do nosso
para que o coração possa guardar
imagens e cores que somente um Deus assim,
pleno de amor, é capaz de multiplicar.
Nossos olhos contemplaram
neste dia muitas maravilhas.
As palavras são insuficientes para confirmar
que tudo é obra do vosso amor.
Por isso, nesta prece, queremos resumir tudo
com um obrigado pronunciado pelo coração.
Quantas maravilhas vossa mão tudo fez
pensando em nós vossos filhos e vossas filhas.
Que possamos contemplar
o universo por vós criado,
e no cuidado de cada dia permitir
que a vossa obra
seja preservada para as gerações futuras.
Senhor, por tudo, obrigado.
Amém.

O perdão cura

Senhor, vosso amor nos criou
para vivermos como irmãos.
Porém, percebemos que nem todos se esforçam
para viver o amor que vosso Filho Jesus nos ensinou.
Para muitos falta a capacidade
e o compromisso com o perdão.
Bem sabemos que muitas vezes é difícil perdoar,
mas sabemos, também, que não há outro caminho
para a felicidade e harmonia entre as pessoas,
a não ser o caminho do perdão.
Quem experimenta o perdão,
passa a viver mais em paz.
O perdão pode ser comparado a um remédio
um tanto amargo,
mas que produz resultados significativos.
Por isso, Senhor, ajudai-nos a perdoar sempre,
retirai de nós o orgulho e a autossuficiência.
Tornai-nos simples e abertos
para acolhermos e darmos o perdão.
Amém.

A amizade é preciosa

Senhor, em vossas mãos entrego o dia que hoje vivi,
as pessoas que encontrei, o bem que partilhei.
Obrigado por ter colocado
ao meu lado pessoas amigas.
A amizade é uma dádiva e um presente.
Se não fossem as pessoas amigas,
certamente as dificuldades seriam maiores.
Com um amigo ao nosso lado, tudo parece
ganhar novo rumo, nova direção.
A amizade se faz força na jornada
porque nos dá esperança de um amanhã melhor;
nos dá apoio e incentivo
quando tudo parece perder o sentido.
A amizade é uma luz que surge na noite da dor
para tudo aliviar e clarear.
Ajudai-nos, Senhor,
para que possamos caminhar serenamente,
e nos tropeços da vida saber que podemos contar
com pessoas que estão ao nosso lado.
Os amigos, Senhor, são os vossos braços
que nos erguem em nossas quedas.
Obrigado, Senhor.
Amém.

Com os braços, o abraço

Senhor, mais um dia está terminando.
Obrigado por tudo o que o vosso amor
nos deu ao longo das horas deste dia.
Muitos foram os momentos de luz,
de silêncio, de paz interior.
Em muitos momentos a distância
parecia nos tornar ausentes deste ritmo
que sempre abraça a vida.
Talvez não tenhamos usado nossos braços neste dia
de acordo com a vossa vontade.
Nossos braços poderiam ter melhor acolhido
àqueles que passaram ao nosso lado.
Poderíamos ter acenado, ter ajudado, ter confortado.
Um abraço faz tão bem e tão pouco abraçamos
quem partilha conosco o dom da vida.
Senhor, ajudai-nos a usar os nossos braços
para construir a paz de cada dia
e a expressar amor aos nossos irmãos.
A ternura dos nossos braços falam de vosso amor.
Por tudo, obrigado.
Amém.

A paciência é garantia

Senhor, obrigado pelo dom da paciência
que tornou meu dia mais significativo,
pois sem esta virtude eu não teria conseguido
o que consegui neste dia.
Foi a paciência que não permitiu
que eu multiplicasse algumas palavras desnecessárias.
Foi a paciência que me fez refletir
e refletindo entendi
que as palavras iriam apenas complicar.
Obrigado, Senhor,
por me capacitar com a paciência
necessária para garantir
uma vida mais serena e mais feliz.
Que todos os dias eu possa contar
com vossa bênção
e com a paciência que vem de vós.
Só assim viverei melhor comigo mesmo,
com os outros e com aqueles que carrego em
meu coração,
pois os amo profundamente.
Amém.

Deus é solidário

Senhor, nem percebi este dia passar.
Envolvi-me com tantas coisas e afazeres
e nem me dei conta de que as horas foram adiante.
Obrigado, Senhor, pelos dons
que vossa bondade colocou em mim.
Obrigado pela força que vosso amor
renova a cada instante em mim.
Sem vossa força, não saberia andar
nem encontrar respostas
para tantos questionamentos.
Não sei como tantas pessoas podem viver
longe de vossa presença;
sei que vosso amor é tão grandioso
que alcança também aqueles
que dizem não crer em vós.
Obrigado por agir assim.
Obrigado por ter me fortalecido
em todos os momentos deste dia.
Neste meu obrigado quero incluir
todos aqueles que não sabem agradecer.
Amém.

No perdão está a paz

Senhor, este dia me oportunizou várias experiências.
Muito aprendi, e sei que nem tudo
foi do vosso agrado, Senhor.
Porém, sei que a vossa bondade
tudo acolhe, tudo transforma.
Perdão, Senhor, pelas minhas falhas,
perdão se machuquei alguém.
Meu desejo de acertar e de fazer o bem
é maior do que a indiferença
que insiste em ficar comigo.
Vosso conhecimento a meu respeito é infinito.
E como me conheceis tão profundamente,
me perdoastes quando falhei.
Que o vosso perdão me ajude a viver melhor
e a tirar de dentro de mim
toda a inclinação para o mal.
Que eu possa descobrir que o melhor jeito de viver,
o jeito que mais garante a felicidade
é viver na simplicidade e no perdão.
Que o vosso perdão, Senhor,
me ajude a perdoar sempre.
Amém.

Amar sem excluir

Senhor, passei todo este dia
recordando o vosso mandamento do amor.
E agora, em forma de oração quero agradecer,
porque se não fosse a lembrança
deste mandamento,
eu não teria me esforçado tanto
em amar o meu próximo.
Quero dizer também que não é fácil amar
quem não nos ama
e a todo instante nos deseja o mal.
Mas onde existe alguém tentando amar,
aí vossa presença se faz mais visível.
E eu senti vossa presença, Senhor,
a me impulsionar para que eu fosse forte
e me distanciasse do ódio e do rancor.
Obrigado, Senhor, pela vossa insistência
em me capacitar para o amor.
Quanto mais eu me esforço em amar,
mais livre eu me sinto.
A força do amor me torna leve
para continuar minha missão.
Amém.

Criatividade é vida

Senhor, hoje mais do que em outros dias,
tive a sensação de que este dia
estava demorando para terminar.
As horas não passavam, algumas tarefas
se tornaram monótonas e cansativas.
Chego ao final deste dia um tanto cansado
e mesmo insatisfeito.
Parece que a cada dia que passa
as exigências se tornam maiores
e fica difícil continuar
tendo esperança no coração.
Porém Senhor, conto com vossa ajuda,
quero refazer minhas forças
e renovar minha esperança
para construir vida nova.
Tenho certeza de que
não fui feito para a monotonia,
necessito de vossa bênção
para renovar meu coração.
E perceber que há tantas coisas
bonitas a meu redor

e que eu sou portador de uma vida
de valor incalculável.
Então, derramai a vossa bênção
para que eu possa
sentir a paz e o aconchego da alma.
Amém.

Ser paciente e perseverante

Senhor, muitas foram as exigências
ao longo deste dia.
Senti-me cobrado e eu mesmo
me cobrei nos mínimos detalhes.
E, agora diante de vós, Senhor,
quero repassar este meu dia
e pedir perdão por algum momento
em que falhei.
Meu desejo mais profundo era acertar,
fazer bem todas as coisas.
Que eu possa crescer todos os dias
um pouco mais.
Recebi de vós o dom da vida,
fui feito à vossa imagem e semelhança.
Então, Senhor, que eu possa ter a necessária
paciência com os outros e comigo mesmo.
Que eu renove em mim o desejo
de fazer cada vez melhor todas as coisas.

Que os meus passos não se distanciem
da vossa vontade, Senhor.
Que o meu caminhar seja sempre
na direção de vossa luz.
Amém.

O bem permanece

Senhor, por uns instantes quero acalmar
meu coração e todo o meu ser.
Vivi um dia agitado, tudo e todos
pareciam ter pressa.
Neste momento quero sentir a paz
que restaura meu cansaço e devolve a esperança.
Quero renovar minhas forças
e sentir que a vida tem valor, que vale a pena correr
quando se tem um objetivo a alcançar.
Mas é necessário conservar
o coração sereno e alegre,
pois quando meu interior está em paz,
não importa o que se passa lá fora.
Com persistência dou conta do recado,
o que não posso esquecer é que tudo passa,
só permanecerá o bem que eu tiver feito.
Então, Senhor, dai-me a paz, a serenidade
e a certeza de que meu esforço
está valendo a pena.
Amém.

Deus presença e força

Senhor, como é bom repassar tudo o que fiz hoje
e sentir que valeu a pena o esforço,
a dedicação e o empenho.
Sei que se dependesse apenas do meu esforço
eu estaria ainda no meio do caminho.
Mas vossa bondade foi ao meu encontro
e depositou em mim confiança
e renovou minhas energias.
Obrigado, Senhor, se não fossem
o vosso amor e a vossa bênção,
dificilmente daria conta do recado.
Por isso sou agradecido e diante de vós, Senhor,
quero renovar o meu desejo
de continuar caminhando
e superando as dificuldades que surgirem,
tendo a certeza de que posso contar
com a vossa proteção.
Que a vossa bênção não leve em conta
as minhas falhas,
mas multiplique a capacidade de conversão
e de mudança de vida.
Amém.

Sob a proteção de Deus

Senhor, passei todo o dia renovando a certeza
de que a vossa presença estaria
a meu lado em todos os momentos.
E ao final deste dia posso confirmar que, de fato,
estivestes sempre a meu lado.
Pude contar com a vossa força extraordinária
que me renovou o ânimo, restabeleceu as forças
e plenificou o coração de serenidade.
Obrigado, Senhor, por me estender a vossa mão
e dar segurança aos meus passos.
Que eu possa continuar caminhando
na trilha do vosso amor e o desânimo
fique de mim distante.
Que eu possa sentir a vossa força se multiplicar
quando as dificuldades insistirem
em ficar perto de mim.
Só em vós, Senhor, encontro forças renovadas.
Só em vós tenho a certeza de que
a vida será sempre vitoriosa.
Amém.

Agir sem agitação

Senhor, mais um dia chega a seu final.
Tudo parece tão rápido, as horas se aceleram,
as exigências e solicitações
são marcadas pela pressa.
Os dias passam rápido, talvez eu não consiga
diminuir o ritmo deste mundo tão veloz.
Então, Senhor, que eu consiga viver
de uma forma dinâmica e serena a cada momento.
Que eu não perca a calma,
que a agilidade que se faz necessária
diante de tantas cobranças, não atrapalhe
a paz que meu coração tanto necessita.
Somente na paz serei capaz de continuar
a caminhada abraçando os desafios
que surgirem ao longo do caminho,
paz que somente vós me dareis, Senhor.
Portanto, quanto mais perto eu estiver de vós,
mais paz terei.
Senhor, que a vossa bênção
seja minha paz neste dia e sempre.
Amém.

A fé anima a vida

Senhor, a vida é feita de muitas surpresas.
Algumas delas nos alegram, outras nos entristecem.
No entanto, todas as surpresas
acabam avaliando a minha fé.
Quanto maior for a minha fé,
mais serenidade terei para acolher
e enfrentar os fatos que se vão sucedendo.
Por isso, Senhor, além de agradecer por este dia,
quero suplicar e pedir que eu tenha mais fé.
Que eu possa crescer na fé e viver
mais de acordo com a vossa vontade.
Que o meu coração encontre repouso
junto ao vosso coração de Pai,
para que os meus atos levem a marca da minha fé;
que eu possa reservar mais tempo para a oração.
Só assim, terei a verdadeira dimensão
do vosso amor e da vossa misericórdia.
Senhor, obrigado por aumentar minha fé.
Amém.

Meu lar é diálogo e paz

Senhor, depois de um dia
de atividades e compromissos,
meu olhar e meu coração se voltam para a família.
Que bom poder voltar para casa,
que maravilha ter um lar,
que bênção ter uma família assim como eu tenho.
Bem sei que muitos gostariam de estar
no meu lugar.
Senhor, dai-me a graça de eu poder chegar
em casa sempre com alegria e serenidade.
Que eu não perca facilmente a paciência.
Que o diálogo possa ser o canal aberto
para o entendimento e uma comunicação sadia.
Que calmamente eu possa ouvir
o que os outros têm a me dizer,
mas que eu possa também partilhar
o que sucedeu comigo neste dia.
Desta forma, todos se sentirão bem.
Obrigado, Senhor, porque tenho
para onde voltar ao fim do dia.
Obrigado por abençoar todos os dias a quem eu amo.
Amém.

Tempo para construir

Senhor, obrigado por mais este dia
que com vossa bênção e bondade iniciamos.
Neste momento queremos sentir
a vossa paz e proteção para que a vida
possa continuar contando com a vossa luz.
Um dia é sempre uma oportunidade
para realizar tantas coisas,
porém sozinhos pouco poderemos fazer.
Somente com vossa ajuda realizamos o bem
que tanto desejamos e de que os outros tanto
necessitam.
Obrigado por este dia,
obrigado por tudo o que conseguimos realizar
e perdoai-nos se em alguns momentos falhamos.
Há uma enorme distância entre o querer e o fazer.
É evidente que necessitamos de mais esforço
e atenção para com tudo o que nos rodeia.
Afinal, somos instrumentos de vosso amor
e devemos fazer sempre a vossa vontade.
Amém.

Com Deus, a paz

Senhor, a paz que tanto buscamos parece
permanecer distante do nosso alcance.
De fato, tem sido difícil construir
a paz de cada dia e de todos os dias.
Há momentos em que tudo parece
fluir normalmente,
mas em outros sentimos uma grande dificuldade
de caminhar na paz, por isso,
guardai-nos em vossa paz.
Vossa mão é capaz de arrancar de dentro de nós
o ódio, a inveja e o desejo de vingança,
e a paz não é possível
quando estes sentimentos nos invadem.
Ajudai-nos a ser diferentes
e a recomeçarmos quando nos sentirmos
fracos e distantes do vosso ideal.
Afinal, se a vida passa tão rápido,
não podemos perder tempo
em viver de qualquer jeito.
E o melhor jeito é viver no vosso amor.
Amém.

Deus guia e protege

Senhor, a convivência com os irmãos,
as exigências da própria vida
e as preocupações insistem
em tomar conta de nosso coração.
Tudo isso se tornam desafios
quando se quer viver bem com todos.
Por mais esforço em acertar o caminho,
por vezes fracassamos e entregamos os pontos.
Deixamos o desânimo nos afundar
na indiferença e na incerteza.
Ajudai-nos a viver com esperança e com persistência
a cada momento desta vida.
Que o vosso amor afaste tudo
o que pode ser prejudicial ao nosso
bom relacionamento com o próximo.
Que a vossa bondade se torne compreensão
e perdão diante das falhas que não são poucas.
Olhai para os nossos sentimentos
e desejo de uma vida nova.
Queremos ter mais paciência para vivermos
em paz com todos os que nos rodeiam.
Amém.

Lar: casa, trabalho e pão

Senhor, como é bom poder voltar para casa.
Tantos gostariam de ter um lar, uma casa,
um pedaço de pão, uma ocupação.
Sejamos agradecidos e sensíveis
diante de tudo o que a graça divina nos concede.
Além disso, estejamos atentos
para ajudar os que nada ou pouco tem,
pois é dando que se recebe.
Sejamos agradecidos por tudo o que temos
e por tudo o que somos.
Mesmo que nos faltem muitas coisas,
temos consciência de que não nos falta o principal.
Então, que nossa prece seja de gratidão,
pois se não fosse a vossa mão de pai, Senhor,
não seríamos o que somos nem teríamos
o que vossa bondade nos permite ter.
Ajudai os que passam necessidades
para que possam
contar com a solidariedade de todos nós,
pois quem reparte terá sempre o suficiente.
Amém.

Estar atento para escolher bem

Senhor, buscamos a realização e a felicidade,
mas nos sentimos distantes deste ideal.
Sabemos que a nossa vocação é para a felicidade;
viver só tem sentido se alcançarmos a realização.
Ninguém recebeu este dom
tão precioso que é a vida
para viver triste ou infeliz,
mas não podemos nos esquecer
que o Senhor nos dotou também de liberdade.
Podemos fazer escolhas,
podemos optar por um ou outro caminho.
O Senhor respeita nossas decisões.
Se escolhermos mal, certamente estamos
nos distanciando da felicidade.
Ajudai-nos, Senhor, a escolher
o caminho da felicidade e da paz.
Mesmo que num primeiro momento
tenhamos que sofrer,
que nossas escolhas coincidam
com a vossa vontade.

Que a cada dia assumamos o compromisso
de cuidar da vida e de ter clareza
na escolha do caminho certo.
E desta forma que experimentaremos
a felicidade reservada a cada um de nós.
Amém.

Comunicar alegria

Senhor, no vosso amor de Pai
colocamos a nossa vida.
Sabemos que o vosso desejo é que cada um de nós
seja um instrumento de amor
e de alegria junto aos irmãos.
Como é maravilhoso levar um pouco
de alegria a quem necessita...
Alegria é sinal de fé e confiança em Deus.
Quem tem fé e confia no Senhor
sente uma profunda alegria
e não guarda esta alegria para si,
deseja de coração comunicá-la aos outros.
Muitas são as tristezas da vida.
O mundo está mergulhado em infinitas tristezas.
A maioria delas por estar distante do vosso amor.
E é neste mundo que nos envolve
que somos chamados a viver a alegria,
alegria que brota de um coração que acredita
e deseja fazer algo pelo bem do próximo.

Senhor, criai em nós a alegria
de sermos vossos filhos
e vossos instrumentos para ajudar
os que andam tristes e abatidos.
Amém.

Saúde + Doação = Salvação

Senhor, dai-me a saúde do corpo e da alma.
A saúde física é muito importante para poder
viver, trabalhar, estudar, fazer o bem e ser feliz.
Afastai de mim todas as doenças,
mas cuidai principalmente da minha alma,
que nenhuma tristeza me deixe abatido
ou desanimado.
Que todos os males que perturbam a alma
fiquem distantes de mim e de meus irmãos.
Que eu cultive aqueles valores que possam
afastar até mesmo as doenças físicas.
Que a bondade possa se multiplicar em meu ser
e se tornar gesto de amor
e doação aos que me rodeiam.
Que a esperança me faça ver o horizonte infinito
que acena para que eu continue caminhando
sempre na certeza de que existe um amanhã
capaz de superar todas as dificuldades de hoje.

Obrigado, Senhor, pela vossa força
que me torna sempre renovado
e me ajuda a encontrar saídas
diante dos obstáculos.
Amém.

A presença de Deus fortalece

Senhor, na caminhada da vida há momentos
em que sinto a vossa presença a me guiar.
Então tudo parece mais fácil,
até mesmo as tristezas
vão embora com mais facilidade
quando vos sinto perto de mim.
A vida se torna mais leve,
a esperança parece mais viva e atuante.
No entanto, Senhor, há momentos em que a vida
parece se tornar um verdadeiro peso.
A vossa presença parece desaparecer no infinito,
em minha aflição, o medo se aproxima.
Senhor, que estes momentos
possam ser passageiros,
não posso viver na solidão,
preciso da vossa proteção
e da vossa mão a me guiar.
Só assim terei forças para enfrentar o cotidiano
com todos os seus desafios.

Que eu possa me refazer
e cultivar a vossa presença,
não apenas quando tudo dá certo,
mas principalmente
quando as dificuldades se aproximarem.
Obrigado, Senhor, por ser presença certa
na caminhada da vida.
Amém.

Família, diálogo e paz

Senhor, é por vossa bondade
que temos hoje uma família.
Obrigado por nossa família,
nela nos sentimos mais seguros e sem medo.
Certamente não seríamos o que somos
se não tivéssemos a graça de uma família,
capaz de nos sustentar em nossa caminhada,
capaz de nos ouvir e nos apoiar.
Ter uma família é uma bênção,
cuidar de nossa família é um dever
que o Senhor espera de cada um de nós.
Derramai, Senhor, vossa bênção
sobre todas as famílias, principalmente
sobre aquelas que passam necessidades.
Muitos males tentam destruir as famílias.
Que pais e filhos possam ser fortes a ponto
de afastar todos os males que rondam as famílias.
Que a vossa mão de pai seja proteção
e alento para as nossas famílias.
Amém.

Obrigado por tudo, Senhor!

Senhor, sempre temos muito a pedir,
nem sempre lembramos de agradecer,
e não faltam motivos para dizer obrigado.
Afinal, recebemos tanto, recebemos
sempre mais do que pedimos.
Vosso amor é cuidadoso, nos envolve,
nos protege, nos capacita para a vida.
Muitos são os sinais do vosso amor,
muitos os milagres de cada dia.
Só o fato de estarmos vivos
já é um grande milagre.
Que possamos rezar sempre para agradecer
tudo o que recebemos até agora,
pois a oração é o jeito que sabemos
de dizer obrigado a vossa bondade e amor.
Que a nossa vida possa ser vivenciada
no amor e na paz.
Amém.

Rua Dona Inácia Uchoa, 62
04110-020 – São Paulo – SP (Brasil)
Tel.: (11) 2125-3500
http://www.paulinas.com.br – editora@paulinas.com.br
Telemarketing e SAC: 0800-7010081